시원스쿨 여행 **여행**
일본어

시원스쿨어학연구소 지음

시원스쿨

여행 일본어

초판 1쇄 발행 2024년 5월 24일

지은이 시원스쿨어학연구소
펴낸곳 (주)에스제이더블유인터내셔널
펴낸이 양홍걸 이시원

홈페이지 japan.siwonschool.com
주소 서울시 영등포구 영신로 166 시원스쿨
교재 구입 문의 02)2014-8151
고객센터 02)6409-0878

ISBN 979-11-6150-836-8 10730
Number 1-311301-26269900-08

목차   CONTENTS

이 책의 구성 및 활용

미리 보는 여행 일본어 사전

급할 때 바로 찾아 말할 수 있도록 단어와 문장을 가나다 사전식으로 구성하였습니다.

상황별 단어

공항, 호텔, 식당 등 여행지에서 자주 쓰는 어휘를 한눈에 보기 쉽게 정리하였습니다.

상황별 표현

여행에 꼭 필요한 필수 표현들만 엄선하여 수록하였습니다. 일본어를 몰라도 말하기가 가능하도록 한글 발음을 표기하였습니다.

시원스쿨 여행 일본어만의 특별한 부록

핵심 표현 정리집 PDF

테마별 단어 정리집 PDF

핵심 표현 정리집 PDF & 테마별 단어 정리집 PDF

시원스쿨 일본어(japan.siwonschool.com) 홈페이지 ▶ 학습지원센터 ▶ 공부자료실 ▶ 도서명 검색한 후 무료 다운로드 가능합니다.

미리 보는
여행 일본어 사전

필요한 단어와 문장을 한글 순서로 제시하였습니다.
원하는 문장을 바로바로 찾아 말해 보세요.

빨리찾아

09	멀미나다	酔う [요우]
10	두통	頭痛 [즈츠-]
11	복통	腹痛 [후쿠츠-]
12	화면	画面・スクリーン [가멩 · 스크리-ㄴ]
13	헤드폰	ヘッドホン [헫도홍]
14	리모컨	リモコン [리모콩]
15	담요	モーフ [모-후]
16	짐	荷物 [니모츠]

기내에서

01 좌석

席
[세키]

· 제 자리 어디인가요?   와타시노 세키와 도코데스까?
私の席はどこですか。

· 여기는 제 자리인데요.   코코와 와타시노 세키데스가.
ここは私の席ですが。

· 제 자리 차지 마세요.   와타시노 세키오 케라나이데 쿠다
사이.
私の席を蹴らないでください。

02 안전벨트

シートベルト
[시-토베루토]

· 안전벨트를 매 주세요.   시-토베루토오 시메떼 쿠다사이.
シートベルトを締めてください。

· 안전벨트가 헐렁해요.　　　시-토베루토가 유루이데스.

　　　　　　　　　　　　シートベルトがゆるいです。

· 안전벨트가 타이트해요.　　시-토베루토가 키츠이데스.

　　　　　　　　　　　　シートベルトがきついです。

03 기내식 機内食
[키나이쇼쿠]

き ないしょく

· 기내식은 언제인가요?　　　키나이쇼쿠와 이츠데스까?

　　　　　　　　　　　　機内食はいつですか。

· 메뉴는 무엇인가요?　　　　메뉴-와 난데스까?

　　　　　　　　　　　　メニューは何ですか。

04 마실 것 🥛

飲み物
[노미모노]

· 음료는 어떤 걸로 하시겠
  어요?

노미모노와 나니니 나사이마스까?
飲み物は何になさいますか。

· 물 주세요.

오미즈 오네가이시마스.
お水お願いします。

· 차 주세요.

오챠 오네가이시마스.
お茶お願いします。

· 커피 주세요.

코-히- 오네가이시마스.
コーヒーお願いします。

05 간식 🍪

お菓子
[오카시]

· 간식 좀 있나요?

나니카 오카시토카 아리마스까?
何かお菓子とかありますか。

기내 24p   공항 36p   거리 50p   택시&버스 66p   전철&기차 80p

· 땅콩 좀 주세요.   피-낯츠 오네가이시마스.

ピーナッツお願いします。

06 휴지 ティッシュ
[팃슈]

· 휴지 주세요.   팃슈 쿠다사이.

ティッシュください。

· 휴지 있어요?   팃슈 아리마스까?

ティッシュありますか。

07 펜 ペン
[펭]

· 펜 좀 빌릴 수 있을까요?   펭오 카시떼 모라에마스까?

ペンを貸してもらえますか。

· 펜이 안 나와요.   펜노 잉쿠가 데나인데스.

ペンのインクがでないんです。

08 기내면세품

機内免税品
[키나이 멘제-힝]

· 기내면세품 좀 보여주실
래요?

키나이 멘제-힝오 미세떼 모라에
마스까?

機内免税品を見せてもらえ
ますか。

· 카드 되나요?

카-도와 츠카에마스까?

カードは使えますか。

· 원화 되나요?

캉코쿠원와 츠카에마스까?

韓国ウォンは使えますか。

09 멀미나다

酔う
[요우]

· 멀미나요.

요이마시타.

酔いました。

· 어지러워요.　　　　　메마이가 시마스.
　　　　　　　　　　　目まいがします。

10 두통 　　頭痛
　　　　　　　　　　[즈츠-]

· 두통이 있는 것 같아요.　즈츠- 미타이데스.
　　　　　　　　　　　頭痛みたいです。

· 두통약 좀 주세요.　　　즈츠-야꾸 쿠다사이.
　　　　　　　　　　　頭痛薬ください。

· 몸상태가 좀 안 좋은 것　타이쵸-가 와루이 미타이데스.
　같아요.　　　　　　　体調が悪いみたいです。

11 복통 　　頭痛
　　　　　　　　　　　腹痛
　　　　　　　　　　[후쿠츠-]

· 복통이 있는 것 같아요.　후쿠츠- 미타이데스.
　　　　　　　　　　　腹痛みたいです。

· 복통약 좀 주세요.

후쿠츠-야끄 쿠다사이.
ふくつうやく
腹痛薬ください。

12 화면 ◆▱

がめん
画面・スクリーン
[가멩·스크리-ㄴ]

· 화면이 안 나와요.

가멩가 우츠리마셍.
がめん うつ
画面が映りません。

· 화면이 안 움직여요.

가멩가 우고키마셍.
がめん うご
画面が動きません。

· 화면이 너무 어두워요.

가멩가 쿠라스기마스.
がめん くら
画面が暗すぎます。

· 화면이 너무 밝아요.

가멩가 아카루스기마스.
がめん あか
画面が明るすぎます。

13 헤드폰 🎧

ヘッドホン
[헫도홍]

- 헤드폰 있어요?

  헫도홍 아리마스까?
  ヘッドホンありますか。

- 헤드폰이 고장 난 것 같아요.

  헫도홍가 코와레타 미타이데스.
  ヘッドホンが壊れたみたいです。

14 리모컨

リモコン
[리모콩]

- 리모컨이 안 돼요.

  리모콩가 키카나인데스가.
  リモコンが効かないんですが。

- 리모컨이 없어요.

  리모콩가 아리마셍.
  リモコンがありません。

15 담요 ⊜

モーフ
[모-후]

· 담요 있어요?

모-후 아리마스까?

モーフありますか。

· 담요 좀 주세요.

모-후 오네가이시마스.

モーフお願いします。

· 담요 하나만 더 주세요.

모-후 모- 히토츠 오네가이시마스.

モーフもう一つお願いします。

16 짐

に もつ
荷物
[니모츠]

기내

· 죄송하지만 짐 좀 올려 주실래요?

스미마셍가 니모츠 아게떼 모라에 마스까?

すみませんが荷物上げてもらえ ますか。

· 죄송하지만 짐 좀 꺼내 주실래요?

스미마셍가 니모츠 다시떼 모라에 마스까?

すみませんが荷物出してもらえ ますか。

호텔 96p   식당 124p   관광 162p   쇼핑 174p   귀국 186p

빨리찾아

공항에서

01 공항 리무진 空港リムジン
[쿠-코- 리무진]

· 공항 리무진은 어디에서
  타요?

쿠-코- 리무진와 도코데
노리마스까?
空港リムジンはどこで
乗りますか。

· 공항 리무진 표는 어디에
  서 살 수 있어요?

쿠-코- 리무진노 치켙토와 도코
데 카에마스까?
空港リムジンのチケットはどこ
で買えますか。

· OO까지 가는 리무진 있어
  요?

OO유키노 리무진 아리마스까?
OO行きのリムジンありますか。

· OO까지 가는 리무진은 얼
  마예요?

OO유키노 리무진와 이쿠라데스
까?
OO行きのリムジンはいくらで
すか。

· 다음 리무진은 언제 출발
해요?

츠기노 리무진와 이츠 슙파츠시마
스까?

次^{つぎ}のリムジンはいつ出発^{しゅっぱつ}しま
すか。

02 버스

バス
[바스]

· OO까지 가려면 무슨 버스
타야 돼요?

OO마데 이키타인데스가 도노
바스니 노레바 이이데스까?

OOまで行^いきたいんですがどの
バスに乗^のればいいですか。

· 공항에서 OO까지 버스로
어느 정도 걸려요?

쿠-코-카라 OO마데 바스데 도레
구라이 카카리마스까?

空港^{くうこう}からOOまでバスでどれぐ
らいかかりますか。

· 버스 어디에서 탈 수 있어
요?

바스와 도코데 노레마스까?

バスはどこで乗^のれますか。

호텔 96p   식당 124p   관광 162p   쇼핑 174p   귀국 186p

· 다음 버스는 언제 와요?　　츠기노 바스와 이츠 키마스까?

次のバスはいつ来ますか。

· 버스 요금은 얼마예요?　　바스노 료-킹와 이쿠라데스까?

バスの料金はいくらですか。

03 전철 🚆　　　電車

でんしゃ

[덴샤]

· OO역까지 어떻게 가요?　　OO에키마데 도-얄테 이키마스까?

OO駅までどうやって行きますか。

· 공항에서 OO까지 전철로　　쿠-코-카라 OO마데 덴샤데 도레
어느 정도 걸려요?　　구라이 카카리마스까?

空港からOOまで電車でどれ

ぐらいかかりますか。

· 전철 어디에서 탈 수 있어　　덴샤와 도코데 노레마스까?
요?　　電車はどこで乗れますか。

· 갈아타지 않고 갈 수 있어 요? | 노리카에 나시데 이케마스까?
乗(の)り換(か)えなしで行(い)けますか。

04 택시

タクシー
[타쿠시-]

· 택시 어디에서 탈 수 있어 요? | 타쿠시-와 도코데 노레마스까?
タクシーはどこで乗(の)れますか。

· 공항에서 OO까지 택시로 어느 정도 걸려요? | 쿠-코-카라 OO마데 타쿠시-데 도레구라이 카카리마스까?
空港(くうこう)からOOまでタクシーで どれぐらいかかりますか。

· OO까지 택시로 가면 요금 이 얼마나 나와요? | OO마데 타쿠시-데 이케바 료-킹 와 이쿠라 카카리마스까?
OOまでタクシーで行(い)けば料金(りょうきん) はいくらかかりますか。

05 여권

パスポート
[파스포-토]

· 여권을 잃어버렸어요.	파스포-토오 나쿠시떼 시마이마시타. パスポートをなくしてしまいました。
· 여권 보여주세요.	파스포-토오 미세떼 쿠다사이. パスポートを見せてください。

06 짐

荷物
[니모츠]

· 제 짐이 없어요.	와타시노 니모츠가 아리마셍. 私の荷物がありません。
· 제 짐이 안 나왔어요.	와타시노 니모츠가 데떼 이마셍. 私の荷物が出ていません。

· 짐 찾는 곳 어디에 있어요?

테니모츠 우케토리죠와 도코니 아리마스까?

て にもつうけとりじょ
手荷物受取所はどこに
ありますか。

07 분실하다

なくす
[나쿠스]

· 분실물 센터는 어디에 있나요?

오와스레모노 센타-와 도코니 아리마스까?

わす
お忘れものセンターはどこに
ありますか。

· 짐을 잃어버렸어요.

니모츠오 나쿠시떼 시마이마시타.

に もつ
荷物をなくしてしまいました。

· 핸드폰을 잃어버렸어요.

케-타이오 나쿠시떼 시마이마시타.

ケータイをなくしてしまいました。

호텔 96p   식당 124p   관광 162p   쇼핑 174p   귀국 186p

08 비행기 티켓 ✈ 飛行機の搭乗券
[히코-키노 토-죠-켕]

· 다음 비행기는 언제 있어요?

츠기노 후라이토와 이츠데스까?
次のフライトはいつですか。

· 오늘 탈 수 있는 비행기 있어요?

쿄- 노레루 히코-키 아리마스까?
今日乗れる飛行機ありますか。

09 와이파이·인터넷 📶 ワイファイ・インターネット
[와이화이] · [인타-넫토]

· 와이파이 되나요?

와이화이 아리마스까?

ワイファイありますか。

· 와이파이 비밀번호가 뭐예요?

와이화이노 파스와-도와 난데스까?

ワイファイのパスワードは
何ですか。

· 인터넷 쓸 수 있는 곳
있어요?

인타-넽토가 츠카에루 토코로가
아리마스까?

インターネットが使（つか）えるところが
ありますか。

10 관광 안내소

観光案内所（かんこうあんないじょ）
[캉코- 안나이죠]

· 관광 안내소 어디에
있어요?

캉코- 안나이죠와 도코니
아리마스까?

観光案内所（かんこうあんないじょ）はどこにありますか。

· OO까지 어떻게 가요?

OO마데 도-얕테 이키마스까?

OOまでどうやって行（い）きますか。

· OO에서 가 볼 만한 곳은
어디예요?

OO데 미도코로 스폽토와 도코
데스까?

OOで見（み）どころスポットはどこ
ですか。

· 한국어로 된 지도 있어요?　캉코쿠고노 맢쁘 아리마스까?
韓国語のマップありますか。

· 한국어로 된 팜플렛　캉코쿠고노 팡후렡또
있어요?　아리마스까?
韓国語のパンフレット
ありますか。

11 게이트 🈂️ ゲート
[게-토]

· 00번 게이트 어디 있어요?　OO반노 게-토와 도코니
아리마스까?
OO番のゲートはどこに
ありますか。

· 제 게이트를 못 찾겠어요.　와타시노 게-토가 미츠카리마셍.
私のゲートが見つかりません。

12 면세점 🎴

免税店
[멘제-텡]

· 면세점 어디에 있어요?

멘제-텡와 도코니 아리마스까?
免税店はどこにありますか。

· (제품 사진을 보여주며) 이거 있어요?

코레 아리마스까?

これありますか。

13 카트 🛒

カート
[카-토]

· 카트 어디에 있어요?

카-토와 도코니 아리마스까?

カートはどこにありますか。

· 카트 무료예요?

카-토와 무료데스까?
カートは無料ですか。

· 이 카트 써도 돼요?

코노 카-토 츠칻테모 이이데스까?
このカート使ってもいいですか。

14 식당 🍽️ レストラン
[레스토랑]

· 식당은 어디에 있어요? 　레스토랑와 도코니 아리마스까?

　　　　　　　　　　　レストランはどこにありますか。

· 추천하는 식당 있어요? 　오스스메노 레스토랑가
　　　　　　　　　　　아리마스까?

　　　　　　　　　　　おすすめのレストランが
　　　　　　　　　　　ありますか。

· 짐은 어디에 놓아야 돼요? 　니모츠와 도코니 오키마스까?

　　　　　　　　　　　荷物はどこに置きますか。

· 어느 정도 기다려야 돼요?   도레 구라이 마치마스까?

どれぐらい待ちますか。

· 한국 식당 있어요?   캉코쿠 료-리노 레스토랑

아리마스까?

韓国料理のレストラン

ありますか。

TIP 韓国のレストラン(캉코쿠노 레스토랑 / 한국 식당)이라고만 하면 한국에 있는 식당이라는 의미가 되기 때문에 韓国料理のレストラン(캉코쿠 료-리노 레스토랑 / 한국 '요리' 식당)이라는 표현을 사용한다.

빨리찾아

08	근처	<ruby>辺<rt>あた</rt></ruby>り [아타리]
09	가깝다	<ruby>近<rt>ちか</rt></ruby>い [치카이]
10	거리	<ruby>通<rt>とお</rt></ruby>り [토-리]
11	주소	<ruby>住所<rt>じゅうしょ</rt></ruby> [쥬-쇼]
12	오른쪽	<ruby>右<rt>みぎ</rt></ruby> [미기]
13	왼쪽	<ruby>左<rt>ひだり</rt></ruby> [히다리]
14	감사합니다	ありがとうございます [아리가또-고자이마스]

거리에서

01 어떻게

どうやって
[도-얏테]

· OO까지 어떻게 가요?

OO마데 도-얏테 이키마스까?

OOまでどうやって行きますか。

· 이 주소까지 어떻게 가요?

코노 쥬-쇼마데 도-얏테 이키
마스까?

この住所までどうやって行き
ますか。

· 이 식당은 어떻게 가요?

코노 레스토랑와 도-얏테 이키
마스까?

このレストランはどうやって行き
ますか。

· 이 가게는 어떻게 가요?

코노 오미세와 도-얏테 이키마스까?

このお店はどうやって行きますか。

· OO역까지 어떻게 가요?

OO에키마데 도-얏테 이키마스까?

OO駅までどうやって行きますか。

02 어디 📢?

どこ
[도코]

· OO 어디 있어요?

OO와 도코니 아리마스까?

OOはどこにありますか。

· 여기 어디 있어요?

코코와 도코니 아리마스까?

ここはどこにありますか。

· 이 식당 어디 있어요? 　　コノ 레스토랑와 도코니
아리마스까?

このレストランはどこに
あります。

· 이 가게 어디 있어요? 　　코노 오미세와 도코니 아리마스까?

この お店はどこにありますか。

· OO역 어디 있어요? 　　OO에키와 도코니 아리마스까?

OO駅はどこにありますか。

· 버스정류장은 어디 있어
요? 　　바스테-와 도코니 아리마스까?

バス停はどこにありますか。

· 화장실 어디 있어요? 　　토이레와 도코니 아리마스까?

トイレはどこにありますか。

03 얼마나 ⊙?

どれぐらい
[도레구라이]

거리

· 전철로 가면 얼마나
  걸려요?

덴샤데 이케바 도레구라이
카카리마스까?
電車で行けばどれぐらい
かかりますか。

· 버스로 가면 얼마나
  걸려요?

바스데 이케바 도레구라이
카카리마스까?
バスで行けばどれぐらい
かかりますか。

· 걸어서 가면 얼마나
  걸려요?

아루이테 이케바 도레구라이
카카리마스까?
歩いて行けばどれぐらい
かかりますか。

· 택시로 가면 얼마나
  걸려요?

타쿠시-데 이케바 도레구라이
카카리마스까?
タクシーで行けばどれぐらい
かかりますか。

04 길

道
[미치]

· 길 좀 알려주실 수 있어요? 미치오 오시에떼 쿠레마셍까?
道を教えてくれませんか。

· 길을 잃었어요. 미치니 마요이마시따.
道に迷いました。

· 이 길이 아닌 것 같아요. 코노 미치쟈나이 키가 시마스.
この道じゃない気がします。

05 찾다

探す
[사가스]

· ○○를 찾고 있어요. ○○오 사가시떼 이마스.
○○を探しています。

· 여기를 찾고 있어요. 코코오 사가시떼 이마스.
ここを探しています。

· 이 주소를 찾고 있어요. 코노 쥬-쇼오 사가시떼 이마스.
この住所を探しています。

· OO역을 찾고 있어요. OO에키오 사가시떼 이마스.
OO駅を探しています。

· 버스정류장을 찾고   바스테-오 사가시떼 이마스.
있어요.   バス停を探しています。

06 걷다 歩く
[아루쿠]

· 걸어서 가면 얼마나   아루이테 이케바 도레구라이
걸려요?   카카리마스까?
歩いて行けばどれぐらい
かかりますか。

· 여기서 걸어갈 수 있어요? 코코카라 아루이떼 이케마스까?
ここから歩いて行けますか。

· 걸어가기에는 멀까요?   아루이떼 이쿠니와 토-이데스까?
歩いて行くには遠いですか。

07 지도

地図
[치즈]
_{ち ず}

· (지도를 보여주며) 여기는 어떻게 가요?

코코와 도-얏테 이키마스까?

ここはどうやって行きますか。
_い

· (지도를 보여주며) 여기는 어디에 있나요?

코코와 도코니 아리마스까?

ここはどこにありますか。

· (지도를 보여주며) 지금 제가 어디에 있는 거예요?

이마, 와타시와 도코니 이마스까?

今、私はどこにいますか。
_{わたし}

08 근처

辺り
[아타리]
_{あた}

· 이 근처에 OO 있어요?

코노 아타리니 OO 아리마스까?

この辺りにOOありますか。
_{あた}

· 이 근처에 편의점 있어요?

코노 아타리니 콤비니 아리마스까?

この辺りにコンビニありますか。
_{あた}

· 이 근처에 약국 있어요?　　　코노 아타리니 약쿄쿠 아리마스까?
　　　　　　　　　　　　　　　この辺りに薬局ありますか。

· 이 근처에 환전소 있어요?　　코노 아타리니 료-가에죠 아리마
　　　　　　　　　　　　　　　스까?
　　　　　　　　　　　　　　　この辺りに両替所ありますか。

· 이 근처에 지하철역 있어
　요?　　　　　　　　　　　　코노 아타리니 에키 아리마스까?
　　　　　　　　　　　　　　　この辺りに駅ありますか。

· 이 근처에 버스정류장 있
　어요?　　　　　　　　　　　코노 아타리니 바스테- 아리마스
　　　　　　　　　　　　　　　까?
　　　　　　　　　　　　　　　この辺りにバス停ありますか。

· 이 근처에 카페 있어요?　　　코노 아타리니 카훼 아리마스까?
　　　　　　　　　　　　　　　この辺りにカフェありますか。

거리

호텔 96p　　　식당 124p　　　관광 162p　　　쇼핑 174p　　　귀국 186p

09 가깝다

近い
[치카이]

· 여기에서 가장 가까운 편의점이 어디예요?

코코카라 이치방 치카이 콤비니와 도코데스까?

ここから一番近いコンビニはどこですか。

· 여기에서 가장 가까운 역까지 어떻게 가요?

코코카라 모요리에키마데 도-얃테 이키마스까?

ここから最寄り駅までどうやって行きますか。

· 여기에서 가장 가까운 버스 정류장까지 어떻게 가요?

코코카라 모요리바스테-마데 도-얃테 이키마스까?

ここから最寄りバス停までどうやって行きますか。

TIP '가장 가까운 역/버스 정류장'이라고 말할 때는 一番近い 駅/バス停(이치방 치카이 에키/바스 테-)라는 표현 보다 最寄り 駅/バス停(모요리 에키/바스 테-)라는 표현이 자연스럽다.

기내 24p   공항 36p   거리 50p   택시&버스 66p   전철&기차 80p

10 거리

通り
と お
[토-리]

· 이 거리 어떻게 가요?

코노 토-리와 도-얕테 이키
마스까?
この通りはどうやって行き
と お　　　　　　　　　 い
ますか。

거리

· 이 거리는 어디에 있어요?

코노 토-리와 도코니 아리마스까?
この通りはどこにありますか。
と お

· 이 거리로 가 주세요.

코노 토-리니 잍테 쿠다사이.
この通りに行ってください。
と お　 い

· 이 거리를 따라 쭉
가주세요.

코노 토-리니 솓테 맛스구
잍테 쿠다사이.
この通りにそってまっすぐ
と お
行ってください。
い

11 주소

住所
[쥬-쇼]

· 이 주소는 어디예요?

코노 쥬-쇼와 도코데스까?
この住所はどこですか。

· 이 주소까지 어떻게 가요?

코노 쥬-쇼마데 도-얕테 이키
마스까?
この住所までどうやって行き
ますか。

· 이 주소 아세요?

코노 쥬-쇼 싣테마스까?
この住所知ってますか。

· 이 주소로 가 주세요.

코노 쥬-쇼니 읻테 쿠다사이.
この住所に行ってください。

12 오른쪽 ↱

右
[미기]

· 오른쪽으로 가 주세요.　　　미기니 잍테 쿠다사이.
　　　　　　　　　　　　　右に行ってください。

· 오른쪽에 있어요.　　　　　미기가와니 아리마스.
　　　　　　　　　　　　　右側にあります。

· 오른쪽 모퉁이를 돌아서　　미기노 카도오 마갇테 잍테
　가 주세요.　　　　　　　쿠다사이.
　　　　　　　　　　　　　右の角を曲がって行って
　　　　　　　　　　　　　ください。

· 오른쪽으로 계속 가 주세요.　미기니 즏또 잍테 쿠다사이.
　　　　　　　　　　　　　右にずっと行ってください。

· 오른쪽 건물이에요.　　　　미기가와노 타테모노데스.
　　　　　　　　　　　　　右側の建物です。

거리

호텔 96p　　　식당 124p　　　관광 162p　　　쇼핑 174p　　　귀국 186p

13 왼쪽 ↖

左
[히다리]

· 왼쪽으로 가 주세요.

히다리니 잍테 쿠다사이.
左に行ってください。

· 왼쪽에 있어요.

히다리가와니 아리마스.
左側にあります。

· 왼쪽 모퉁이를 돌아서 가
주세요.

히다리노 카도오 마갈테 잍테
쿠다사이.
左の角を曲がって行って
ください。

· 왼쪽으로 계속 가 주세요.

히다리니 즏또 잍테 쿠다사이.
左にずっと行ってください。

· 왼쪽 건물이에요.

히다리가와노 타테모노데스.
左側の建物です。

---

14 감사합니다 ありがとうございます
[아리가또-고자이마스]

거리

· 감사합니다.   아리가또-고자이마스.

ありがとうございます。

· 도와주셔서 감사합니다.   테츠닽테 쿠레테 아리가또-고자
이마스.

_{て つだ}
手伝ってくれてありがとうござ
います。

· 덕분에 큰 도움이 되었습
니다.   오카게사마데 타이헨 타스카리
마시따.

_{たいへんたす}
おかげさまで大変助かりました。

호텔 96p   식당 124p   관광 162p   쇼핑 174p   귀국 186p

빨리찾아

택시 & 버스

택시I&버스에서

01 택시 정류장 タクシー乗り場
[타쿠시- 노리바]

· 택시 정류장 어디예요? 　타쿠시- 노리바와 도코데스까?
　　　　　　　　　　　　　タクシー乗り場はどこですか。

· 택시 정류장 가까워요? 　타쿠시- 노리바와 치카이데스까?
　　　　　　　　　　　　　タクシー乗り場は近いですか。

· 택시 어디서 탈 수 있어요? 　타쿠시-와 도코데 노레마스까?
　　　　　　　　　　　　　タクシーはどこで乗れますか。

· 택시 정류장 걸어갈 수 있 　타쿠시- 노리바마데 아루이떼
　어요? 　　　　　　　　　이케마스까?
　　　　　　　　　　　　　タクシー乗り場まで歩いて
　　　　　　　　　　　　　行けますか。

02 OO로 가주세요 🔊 OOまでお願^{ねが}いします

[OO마데 오네가이시마스]

택시
&
버스

> **TIP** 'OO로 가주세요'를 일본어로 직역하면 [OO까지 行^いってください(OO마데 잇테 쿠다사이)]이지만, ください(쿠다사이)라는 표현은 명령형의 뉘앙스가 있어서 お願^{ねが}いします(오네가이시마스)를 대신 사용한다.

· 여기로 가 주세요.　　　　코코마데 오네가이시마스.
　　　　　　　　　　　　ここまでお願^{ねが}いします。

· 이 주소로 가 주세요.　　　코노 쥬-쇼마데 오네가이시마스.
　　　　　　　　　　　　この住所^{じゅうしょ}までお願^{ねが}いします。

· 이 호텔로 가 주세요.　　　코노 호테루마데 오네가이시마스.
　　　　　　　　　　　　このホテルまでお願^{ねが}いします。

· 시내로 가 주세요.　　　　시나이마데 오네가이시마스.
　　　　　　　　　　　　市内^{しない}までお願^{ねが}いします。

· 공항으로 가 주세요.　　　쿠-코-마데 오네가이시마스.
　　　　　　　　　　　　空港^{くうこう}までお願^{ねが}いします。

호텔 96p　　　식당 124p　　　관광 162p　　　쇼핑 174p　　　귀국 186p

03 주소

住所
[쥬-쇼]

· (주소를 가리키며) 이 주소 어디인지 아세요?

코노 쥬-쇼가 도코나노까 와카리마스까?
この住所がどこなのか分かりますか。

· 이 주소로 가 주세요.

코노 쥬-쇼마데 오네가이시마스.
この住所までお願いします。

04 요금

料金
[료-킹]

· 요금이 얼마예요?

료-킹와 이쿠라데스까?
料金はいくらですか。

· 학생 요금은 얼마예요?

각세- 료-킹와 이쿠라데스까?
学生料金はいくらですか。

· 어린이 요금은 얼마예요?

코도모 료-킹와 이쿠라데스까?
子供料金はいくらですか。

· 잔돈이 없어요.　　　　　오츠리가 아리마셍.

　　　　　　　　　　　　おつりがありません。

· 카드로 할게요.　　　　　카-도데 하라이마스.

　　　　　　　　　　　　カードで払います。

· 현금으로 할게요.　　　　겡킹데 하라이마스.

　　　　　　　　　　　　現金で払います。

택시
&
버스

05 세워주세요 　止めてください

　　　　　　　　　　　　[토메떼 쿠다사이]

· 여기서 세워주세요.　　　코코데 토메떼 쿠다사이.

　　　　　　　　　　　　ここで止めてください。

· 횡단보도 앞에서 세워주세
요.　　　　　　　　　　　오-단호도-노 마에데 토메떼
　　　　　　　　　　　　쿠다사이.

　　　　　　　　　　　　横断歩道の前で止めてください。

· 모퉁이를 돌아서 세워주세
요.　　　　　　　　　　　카도오 마갇따 토코로데 토메떼
　　　　　　　　　　　　쿠다사이.

　　　　　　　　　　　　角を曲がったところで止めて
　　　　　　　　　　　　ください。

호텔 96p　　식당 124p　　관광 162p　　쇼핑 174p　　귀국 186p

· 조금 더 가서 세워주세요. 모— 스코시 잍떼 토메떼 쿠다사이.

もう少し行って止めてください。

06 잔돈

おつり・小銭
[오츠리] · [코제니]

· 잔돈이 부족해요. 오츠리가 타리나인데스.

おつりが足りないんです。

· 잔돈으로 바꿀 수 있을까요? 코제니니 료—가에 데키마스까?

小銭に両替できますか。

· 동전으로 주세요. 코마카이 오카네데 쿠다사이.

細かいお金でください。

07 신용카드

クレジットカード
[크레짙또 카—도]

· 신용카드 되나요? 크레짙또 카—도가 츠카에마스까?

クレジットカードが使えますか。

· 현금이 없어요.

겡킹가 나인데스.
げんきん
現金がないんです。

08 영수증

レシート
[레시-토]

택시
&
버스

· 영수증 주시겠어요?

레시-토오 모라에마스까?
レシートをもらえますか。

· 영수증은 됐어요.

레시-토와 켁코-데스.
けっこう
レシートは結構です。

09 버스 정류장

バス停
てい
[바스테-]

· 버스 정류장 어디예요?

바스테-와 도코데스까?
てい
バス停はどこですか。

· 버스 정류장 가까워요?

바스테-와 치카이데스까?
てい　ちか
バス停は近いですか。

호텔 96p　　　식당 124p　　　관광 162p　　　쇼핑 174p　　　귀국 186p

73

· 버스 어디서 탈 수 있어요?

바스와 도코데 노레마스까?

バスはどこで乗れますか。

· 버스 정류장 걸어갈 수 있어요?

바스테-마데 아루이떼 이케마스까?

バス停まで歩いて行けますか。

10 OO행 버스 🚌   OO行きのバス

[OO유키노 바스]

· 이거 OO행 버스 맞아요?

코레 oo유키노 바스데스까?

これOO行きのバスですか。

· OO행 버스는 어디에서 타요?

oo유키노 바스와 도코데 노리마스까?

OO行きのバスはどこで乗りますか。

· 이거 공항 가는 버스예요?

코레 쿠-코-유키노 바스데스까?

これ空港行きのバスですか。

11 버스 요금 バス料金
りょうきん

[바스 료-킹]

택시
&
버스

> **TIP** 일본 버스는 내릴 때 요금을 지불하는 경우가 많다. 또 지폐를 받지 않는 경우도
> 있는데, 동전이 없거나 부족할 때는 1000엔짜리 지폐를 차내에 마련된 동전교환기를 이
> 용하여 동전으로 교환하면 된다.
> ※ 주의! 1000엔 이상의 지폐는 교환 안 됨

· 버스 요금이 얼마예요?

바스 료-킹와 이쿠라데스까?
バス料金はいくらですか。

· 버스 요금 현금으로 내요?

바스 료-킹와 겡킹데 하라이
마스까?
バス料金は現金で払いますか。

· 버스 요금은 어떻게 내요?

바스 료-킹와 도-얕떼 하라이
마스까?
バス料金はどうやって払い
ますか。

---

12 반대쪽

反対側
[한타이가와]

· 반대쪽에서 타려면 어디로 가요?

한타이가와데 노리타인데스가 도-얄떼 이키마스까?

反対側で乗りたいんですが どうやって行きますか。

· 반대쪽 버스가 OO에 가요?

한타이가와노 바스와 OO마데 이키마스까?

反対側のバスはOOまで行きますか。

13 기다리다

待つ
[마츠]

· 얼마나 기다려야 돼요?

도레구라이 마치마스까?

どれぐらい待ちますか。

· 10분 기다리세요.

줍뽕 맡떼 쿠다사이.

10分待ってください。

---

14 환승

乗り換え
[노리카에]

| · 어디서 환승해요? | 도코데 노리카에마스까? |
| | どこで乗り換えますか。 |

| · 몇 번으로 환승해요? | 난방니 노리카에마스까? |
| | 何番に乗り換えますか。 |

택시 & 버스

| · 환승하고 싶은데, 어디로 가야돼요? | 노리카에타인데스가, 도코니 이케바 이인데스까? |
| | 乗り換えたいんですが、どこに 行けばいいんですか。 |

| · 환승 없이 갈 수 있어요? | 노리카에나시데 이케마스까? |
| | 乗り換えなしで行けますか。 |

15 내리다

降りる
[오리루]

| · 어디서 내리면 되나요? | 도코데 오리레바 이인데스까? |
| | どこで降りればいいんですか？ |

· 여기서 내리면 되나요?　　　코코데 오리레바 이인데스까?
　　　　　　　　　　　　　　ここで降りればいいんですか。

· 여기서 내려요.　　　　　　코코데 오리마스.
　　　　　　　　　　　　　　ここで降ります。

16 정거장 停留所
ていりゅうじょ
[테-류-죠]

> **TIP**
> 일본어로 몇 정거장이라고 할 때 何停留所(난테-류-죠)라는 표현은 사용하지 않는다.

· 몇 정거장 더 가야 돼요?　　아토 낭코데스까?
　　　　　　　　　　　　　　あと何個ですか。

· 앞으로 세 정거장입니다.

아토 밑쯔데스.
あと三つです。

· 다음 정거장에서 내리면
되나요?

츠키노 바스테-데 오리레바
이인데스까?
次のバス停で降りれば
いいんですか。

· 어느 정거장에서 내리면
되나요?

도노 테-류-죠데 오리레바
이인데스까?
どの停留所で降りれば
いいんですか。

택시
&
버스

빨리찾아

01	00역	OO駅 〔えき〕 [OO에키]
02	매표소	切符売り場 〔きっぷ う ば〕 [킾푸 우리바]
03	발권기	券売機 〔けんばい き〕 [켐바이키]
04	요금	料金 〔りょうきん〕 [료-킹]
05	급행열차	急行 〔きゅうこう〕 [큐-코-]
06	편도	片道 〔かたみち〕 [카타미치]
07	왕복	往復 〔おうふく〕 [오-후쿠]
08	일일승차권	一日乗車券 〔いちにちじょうしゃけん〕 [이치니치 죠-샤켕]

기내 24p　　공항 36p　　거리 50p　　택시&버스 66p　　전철&기차 80p

전철
&
기차

전철&기차에서

01 OO역 🚃

OO駅
[OO에키]

<small>えき</small>

TIP 일본에서는 지상철은 電車(덴샤)라고 하고, 지하철은 地下鉄(치카테츠)라고 한다.

· OO역은 어디예요?

OO에키와 도코데스까?

OO駅はどこですか。

· OO역까지 어떻게 가요?

OO에키마데 도-얕떼 이키 마스까?

OO駅までどうやって行き ますか。

· 여기가 OO역이에요?

코코가 OO에키데스까?

ここがOO駅ですか。

· OO역은 여기에서 멀어요?

OO에키와 코코카라 토오이 데스까?

OO駅はここから遠いですか。

기내 24p   공항 36p   거리 50p   택시&버스 66p   전철&기차 80p

· (택시에서) OO역으로 가 주세요.

OO에키마데 오네가이시마스.
OO駅までお願いします。

· 이 근처에 전철(지하철)역이 있나요?

코노 치카쿠니 덴샤(치카테츠)노 에키와 아리마스까?
この近くに電車(地下鉄)の駅はありますか。

02 매표소 🏳

切符売り場
[킷푸 우리바]

· 매표소 어디에 있어요?

킷푸 우리바와 도코데스까?
切符売り場はどこですか。

· 매표소 어떻게 가요?

킷푸 우리바마데 도―얕떼 이키마스까?
切符売り場までどうやって行きますか。

호텔 96p   식당 124p   관광 162p   쇼핑 174p   귀국 186p

· 매표소까지 데려다 주실
　수 있어요?

킵푸 우리바마데 츠레떼 잇떼
모라에마스까?

きっぷ う ば つ い
切符売り場まで連れて行って
もらえますか。

03 발권기 ✈|

けんばい き
券売機
[켐바이키]

· 발권기 어디에 있어요?

켐바이키와 도코니 아리마스까?

けんばい き
券売機はどこにありますか。

· 발권기 어떻게 써요?

켐바이키와 도-얏떼 츠카이마스까?

けんばい き
券売機はどうやって使いますか。

· 발권기 사용법 좀 가르쳐
　주실 수 있어요?

켐바이키노 츠카이카타, 오시에떼
모라에마스까?

けんばい き　つか かた　おし
券売機の使い方、教えて
もらえますか。

· 표가 안 나와요.

킵푸가 데떼 키마셍.

きっぷ で
切符が出てきません。

04 요금

料金
[료-킹]

· 요금은 얼마예요?

료-킹와 이쿠라데스까?
料金はいくらですか。

· 학생 요금은 얼마예요?

각세- 료-킹와 이쿠라데스까?
学生料金はいくらですか。

· 어린이 요금은 얼마예요?

코도모 료-킹와 이쿠라데스까?
子供料金はいくらですか。

· 신용카드 되나요?

크레짙또 카-도데 시하라이
데키마스까?
クレジットカードで支払い
できますか。

· 현금이 없어요.

겡킹가 나인데스.
現金がないんです。

전철 & 기차

---

05 급행열차 🚄

急行
きゅうこう
[큐-코-]

· 이거 급행열차인가요?

코레 큐-코-데스까?
これ急行ですか。
きゅうこう

· OO역에서 정차하나요?

OO에키데 토마리마스까?
OO駅で止まりますか。
えき と

· 여기로 가는 급행열차 있어요?

코코니 이쿠 큐-코-와 아리마스까?
ここに行く急行はありますか。
い きゅうこう

· 급행열차 언제 있어요?

큐-코-와 이츠 노레마스까?
急行はいつ乗れますか。
きゅうこう の

06 편도 🚢

片道
かたみち
[카타미치]

· 편도 티켓으로 주세요.

카타미치 킾푸데 오네가이시마스.
片道切符でお願いします。
かたみちきっぷ ねが

기내 24p　　공항 36p　　거리 50p　　택시&버스 66p　　전철&기차 80p

· 이거 편도 표 아닌데요.　　코레 카타미치 킵푸 쟈나인데스 케도.
　　　　　　　　　　　　　これ片道切符じゃないんですけど。

· 이거 편도 표 맞아요?　　　코레 카타미치 킵푸데스까?
　　　　　　　　　　　　　これ片道切符ですか。

· 이거 편도 표로 바꿀 수 있　코레 카타미치 킵푸니 카에라레마스까?
　어요?　　　　　　　　　これ片道切符に変えられますか。

07 왕복

おうふく
往復
[오-후쿠]

· 왕복 티켓으로 주세요.　　오-후쿠 킵푸데 오네가이시마스.
　　　　　　　　　　　　　往復切符でお願いします。

· 이거 왕복 표 아닌데요.　　코레 오-후쿠 킵푸 쟈나인데스 케도.
　　　　　　　　　　　　　これ往復切符じゃないんですけど。

· 이거 왕복 표 맞아요?

코레 오-후쿠 킾푸데스까?
これ往復切符ですか。

· 이거 왕복 표로 바꿀 수 있
어요?

코레 오-후쿠 킾푸니 카에라레
마스까?
これ往復切符に変えられますか。

08 일일승차권 一日乗車券
[이치니치 죠-샤켕]

· 일일승차권은 얼마예요?

이치니치 죠-샤켕와 이쿠라데스까?
一日乗車券はいくらですか。

· 일일승차권 주세요.

이치니치 죠-샤켕 오네가이시마스.
一日乗車券お願いします。

· 일일승차권은 어떻게 써
요?

이치니치 죠-샤켕와 도-얃떼 츠카이
마스까?
一日乗車券はどうやって使い
ますか。

09 OO가는 표 OO行きのチケット
[OO유키노 치켙또]

· OO가는 표 주세요.

OO유키노 치켙또 오네가이 시마스.
OO行きのチケットお願いします。

· OO가는 표 얼마예요?

OO유키노 치켙또와 이쿠라 데스까?
OO行きのチケットはいくらですか。

전철 & 기차

10 시간표 🕐📋 時刻表
[지코쿠효-]

· 전철(지하철) 시간표 있어요?

덴샤(치카테츠)노 지코쿠효- 아리마스까?
電車(地下鉄)の時刻表ありますか。

· 급행열차 시간표 있어요?　　큐-코-노 지코쿠효- 아리마스까?
　　　　　　　　　　　　　　急行の時刻表ありますか。

· 시간표 어디서 봐요?　　　　지코쿠효-와 도코데 미라레마스까?
　　　　　　　　　　　　　　時刻表はどこで見られますか。

· 시간표 보여주세요.　　　　　지코쿠효-오 미세떼 쿠다사이.
　　　　　　　　　　　　　　時刻表を見せてください。

· 다음 전철(지하철)은 언제　　츠기노 덴샤(치카테츠)와 이츠
　와요?　　　　　　　　　　키마스까?
　　　　　　　　　　　　　　次の電車(地下鉄)はいつ
　　　　　　　　　　　　　　来ますか。

· 시간표 보는 것 좀 도와주　　지코쿠효-노 미카타오 오시에떼
　세요.　　　　　　　　　　쿠다사이.
　　　　　　　　　　　　　　時刻表の見方を教えてください。

11 승강장 のりば
[노리바]

· 0번 승강장은 어디예요? | 0방 노리바와 도코데스까?
0番のりばはどこですか。

· 승강장을 못 찾겠어요. | 노리바가 와카리마셍.
のりばが分かりません。

12 환승 乗り換え
[노리카에]

전철
&
기차

· 00선으로 환승하는 곳 어디예요? | 00센니와 도코데 노리카에타라 이이데스까?
00線にはどこで乗り換えたら いいですか。

· 00에 가고 싶은데 환승해 야 하나요? | 00니 이키타인데스가, 노리카에가 히츠요-데스까?
00に行きたいんですが、 乗り換えが必要ですか。

호텔 96p   식당 124p   관광 162p   쇼핑 174p   귀국 186p

· ○○선으로 환승하고 싶은데 어디에서 내려야 되나요?

○○센니 노리카에타인데스가,
도코데 오리레바 이인데스까?
○○線に乗り換えたいんですが、
どこで降りればいいんですか。

13 내리다

降りる
[오리루]

· ○○가려면 어디에서 내려야 되나요?

○○니 이키타인데스가,
도코데 오리레바 이인데스까?
○○に行きたいんですが、
どこで降りればいいんですか。

· ○○역에서 내리세요.

○○에키데 오리떼 쿠다사이.
○○駅で降りてください。

· 여기서 내리면 되나요?

코코데 오리레바 이인데스까?
ここで降りればいいんですか。

14 몇 호선

何線
[나니센]

> **TIP** 일본의 전철/지하철은 우리나라처럼 1호선, 2호선 등과 같이 숫자로 되어 있지 않고, 山手線(야마노테센), 中央線(츄-오-센) 등과 같이 이름으로 되어 있다. 참고로 서울의 2호선처럼 순환하는 선은 山手線(야마노테센)이다.

· OO에 가고 싶은데 몇 호선 타야 되나요?

OO니 이키타인데스가,
나니센니 놋타라 이인데스까?

OOに行きたいんですが、
何線に乗ったらいいんですか。

· 이 노선 타면 OO갈 수 있나요?

코노 로센니 놋타라 OO마데 이케마스까?

この路線に乗ったらOOまで
行けますか。

15 노선도 [미로]

路線図
<ruby>路線図<rt>ろ せん ず</rt></ruby>
[로센즈]

· 노선도 하나 받을 수 있나
요?

로센즈 히토츠 모라에마스까?
<ruby>路線図<rt>ろ せん ず</rt></ruby>一つもらえますか。

· 노선도는 어디있나요?

로센즈와 도코니 아리마스까?
<ruby>路線図<rt>ろ せん ず</rt></ruby>はどこにありますか。

16 표 [미로]

切符
<ruby>切符<rt>きっ ぷ</rt></ruby>
[킵푸]

· 표 어디에서 사요?

킵푸와 도코데 카에마스까?
<ruby>切符<rt>きっ ぷ</rt></ruby>はどこで<ruby>買<rt>か</rt></ruby>えますか。

· OO가는 표 있어요?

OO유키노 킵푸 아리마스까?
OO<ruby>行<rt>ゆ</rt></ruby>きの<ruby>切符<rt>きっ ぷ</rt></ruby>ありますか。

· 표를 잘못 샀어요.

킵푸오 카이 마치가에마시따.
<ruby>切符<rt>きっ ぷ</rt></ruby>を<ruby>買<rt>か</rt></ruby>い<ruby>間違<rt>ま ちが</rt></ruby>えました。

· 표 환불할 수 있나요?

킵푸노 하라이모도시가 데키마스까?
切符の払い戻しができますか。
きっぷ　はら　もど

> **TIP** 일본에서 표를 잘못 샀을 경우 보통 바로 교환할 수 없으므로, 일단 환불을 한 후 재구매 해야 한다.

전철
&
기차

빨리찾아

호텔

기내 24p   공항 36p   거리 50p   택시&버스 66p   전철&기차 80p

호텔

호텔에서

01 로비

ロビー
[로비-]

· 로비는 몇 층인가요?

로비-와 낭카이데스까?
ロビーは何階ですか。

· 로비가 어디예요?

로비-와 도코데스까?
ロビーはどこですか。

02 예약

予約
[요야꾸]

· (이름)으로 예약했어요.

(이름)데 요야꾸 시마시따.
(이름)で予約しました。

· 예약은 안 했어요.

요야꾸와 시떼마셍.
予約はしてません。

· (예약한 사이트 화면을 보
  여주며) 이 사이트로 예약
  했어요.

코노 사이토데 요야꾸시마시따.

このサイトで予約しました。
よ やく

03 체크인

チェックイン
[첵꾸잉]

· 체크인 할게요.

첵꾸잉 시마스.

チェックインします。

· 체크인 어디서 해요?

첵꾸잉와 도코데 시마스까?

チェックインはどこでしますか。

· 체크인 몇 시부터 할 수
  있나요?

첵꾸잉와 난지카라 데스까?

チェックインは何時からですか。
なん じ

호텔

04 체크아웃

チェックアウト
[첵꾸아우또]

· 체크아웃 할게요.

첵꾸아우또 시마스.

チェックアウトします。

· 체크아웃 몇 시까지 해야
하나요?

첵꾸아우또와 난지마데 데스까?

チェックアウトは何時まで
ですか。

· 숙박 하루 더 연장할 수 있
을까요?

모- 잎빠꾸, 엔쵸- 데키마스까?

もう一泊、延長できますか。

05 침대

ベッド
[벧도]

· 싱글 침대 방으로 주세요.

싱그루 벧도노 헤야데 오네가이
시마스.

シングルベッドの部屋でお願い
します。

· 싱글 침대인가요?　　　　　　싱그루 벧도데스까?

シングルベッドですか。

· 더블 침대 방으로 주세요.　　다브루 벧도노 헤야데 오네가이
시마스.

ダブルベッドの部屋<ruby>部屋<rt>へや</rt></ruby>でお願<ruby>願<rt>ねが</rt></ruby>い
します。

· 더블 침대인가요?　　　　　　다브루 벧도데스까?

ダブルベッドですか。

06 전망 · 경치 📷 景色<ruby><rt>けしき</rt></ruby>
[케시키]

· 바다 경치가 보이는 방으　　우미노 케시키가 미에루 헤야데
로 주세요.　　　　　　　　오네가이시마스.

海<ruby><rt>うみ</rt></ruby>の景色<ruby><rt>けしき</rt></ruby>が見<ruby><rt>み</rt></ruby>える部屋<ruby><rt>へや</rt></ruby>で
お願<ruby><rt>ねが</rt></ruby>いします。

· 도시 경치가 보이는 방으로 주세요.

토신노 케시키가 미에루 헤야데 오네가이시마스.

都心の景色が見える部屋で
お願いします。

· 전망이 좋은 방으로 주세요.

케시키노 이이 헤야데 오네가이시마스.

景色のいい部屋でお願いします。

07 조식 🍴

朝食
[쵸-쇼꾸]

· 조식은 몇 시부터에요?

쵸-쇼꾸와 난지카라 데스까?

朝食は何時からですか。

· 조식은 몇 시까지에요?

쵸-쇼꾸와 난지마데 데스까?

朝食は何時までですか。

· 조식은 어디서 먹어요?

쵸-쇼꾸와 도코데 타베라레마스까?

朝食はどこで食べられますか。

· 조식은 얼마예요?　　　　쵸-쇼꾸와 이쿠라데스까?
　　　　　　　　　　　　　ちょうしょく
　　　　　　　　　　　　　朝食はいくらですか。

· 조식 추가 할게요.　　　　쵸-쇼꾸 츠이카시마스.
　　　　　　　　　　　　　ちょうしょくついか
　　　　　　　　　　　　　朝食追加します。

08 얼마 🍬?　　　　いくら
　　　　　　　　　　　　[이쿠라]

· 1박에 얼마예요?　　　　잇빠꾸데 이쿠라데스까?
　　　　　　　　　　　　いっぱく
　　　　　　　　　　　　一泊でいくらですか。

· 2박에 얼마예요?　　　　니하꾸데 이쿠라데스까?
　　　　　　　　　　　　に はく
　　　　　　　　　　　　二泊でいくらですか。

· 조식 포함하면 얼마예요?　쵸-쇼꾸 코미데 이쿠라데스까?
　　　　　　　　　　　　　ちょうしょく こ
　　　　　　　　　　　　　朝食込みでいくらですか。

· 가장 싼 방은 얼마예요?　이치방 야스이 헤야와 이쿠라
　　　　　　　　　　　　데스까?
　　　　　　　　　　　　いちばんやす　　へ や
　　　　　　　　　　　　一番安い部屋はいくらですか。

호텔 96p　　식당 124p　　관광 162p　　쇼핑 174p　　귀국 186p

호텔

· 가장 비싼 방은 얼마예요?

이치방 타카이 헤야와 이쿠라
데스까?
いちばんたか　　へ や
一番高い部屋はいくらですか。

· 객실 타입 별 요금을 알려
주세요.

캬꾸시쯔 타이푸 베츠노 료-킹오,
오시에떼 쿠다사이.
きゃくしつ　　べつ　りょうきん
客室タイプ別の料金を、
おし　　　　くだ
教えて下さい。

09 엘리베이터 エレベーター
[에레베-타-]

· 엘리베이터 어디 있어요?

에레베-타-와 도코데스까?

エレベーターはどこですか。

· 엘리베이터가 고장 난 것
같아요.

에레베-타-가 코쇼-시타 미타이
데스.
こ しょう
エレベーターが故障したみたい
です。

10 몇 층 층?

何階
[낭카이]

· ○○층이에요.

○○카이데스.
○○階です。

· 프론트(로비)는 몇 층에 있어
요?

후론토와 낭카이 데스까?
フロントは何階ですか。

· 조식 먹는 곳은 몇 층에 있
어요?

쵸-쇼꾸 레스토랑와 낭카이니
아리마스까?
朝食レストランは何階に
あります か。

· 자판기 몇 층에 있어요?

지도-함바이키와 낭카이니
아리마스까?
自動販売機は何階に
あります か。

호텔

· 제 방은 몇 층이에요?　　　와타시노 헤야와 낭카이데스까?

私の部屋は何階ですか。

11 방 키 🔑　　　部屋の鍵
[헤야노 카기]

· 방 키 하나 더 주세요.　　헤야노 카기 모- 히토츠 오네가이
시마스.

部屋の鍵もう一つお願いします。

· 방 키를 잃어버렸어요.　　헤야노 카기오 나쿠시떼 시마이
마시따.

部屋の鍵をなくしてしまい
ました。

· 키를 방 안에 두고　　　　헤야노 카기오 헤야노 나카니
  나왔어요.　　　　　　　　오이떼 키떼 시마이마시따.

部屋の鍵を部屋の中に
置いてきてしまいました。

· 방 키가 안 돼요.

헤야노 카기가 아키마셍.
へ や　かぎ　あ
部屋の鍵が開きません。

12 짐 🧳

に もつ
荷物
[니모츠]

· 짐 맡길 수 있나요?

니모츠오 아즈칻떼 모라에마스까?
に もつ　あず
荷物を預かってもらえますか。

· 체크인 하기 전에 짐 맡길
수 있나요?

첼꾸잉노 마에니 니모츠오
아즈칻떼 모라에마스까?
まえ　に もつ
チェックインの前に荷物を
あず
預かってもらえますか。

호텔

· 체크아웃 한 후에 짐 맡길
수 있나요?

첼꾸아우또노 아토니 니모츠오
아즈칻떼 모라에마스까?
あと　に もつ
チェックアウトの後に荷物を
あず
預かってもらえますか。

· 짐 몇 시까지 찾으러 와야
  돼요?

니모츠와 난지마데니 토리니 키타라
이이데스까?
荷物は何時までに取りに来たら
いいですか。

· 짐 찾으러 왔어요.

니모츠오 토리니 키마시따.
荷物を取りに来ました。

· 이거 제 짐이 아니에요.

코레 와타시노 니모츠데와 아리마셍.
これ私の荷物ではありません。

13 신용카드

クレジットカード
[크레짙또 카-도]

· 신용카드 되나요?

카-도데 하라에마스까?
カードで払えますか。

· 현금은 없어요.

겡킹와 아리마셍.
現金はありません。

· 신용카드로 결제할게요.　　크레짓또 카-도데 시하라이마스.
　　　　　　　　　　　　　　　クレジットカードで支払_{しはら}います。

· 일시불로 해 주세요.　　　　일카츠 바라이데 오네가이시마스.
　　　　　　　　　　　　　　　一括_{いっかつ}払_{ばら}いでお願_{ねが}いします。

· 할부로 해 주세요.　　　　　붕카츠 바라이데 오네가이시마스.
　　　　　　　　　　　　　　　分割_{ぶんかつ}払_{ばら}いでお願_{ねが}いします。

14 방 🚪

部屋
[헤야]

· 좀 더 넓은 방 없나요?　　　모- 스코시 히로이 헤야와 나인
　　　　　　　　　　　　　　　데스까?
　　　　　　　　　　　　　　　もう少_{すこ}し広_{ひろ}い部屋_{へや}はないん
　　　　　　　　　　　　　　　ですか。

· 방을 바꿀 수 있을까요?　　헤야오 카에떼 모라에마스까?
　　　　　　　　　　　　　　　部屋_{へや}を変_かえてもらえますか。

· 방에서 이상한 냄새가
　나요.

　　　　　　　　　　　　　　　헤야카라 헨나 니오이가 시마스.
　　　　　　　　　　　　　　　部屋_{へや}から変_{へん}な臭_{にお}いがします。

호텔

· 방이 너무 추워요.

헤야가 사무스기마스.
へ や さむ
部屋が寒すぎます。

· 방이 너무 더워요.

헤야가 아츠스기마스.
へ や あつ
部屋が暑すぎます。

· 방이 너무 더러워요.

헤야가 키타나스기마스.
へ や きたな
部屋が汚すぎます。

15 수건 ⊗

タオル
[타오루]

· 수건을 한 장 더 받을 수
  있을까요?

타오루오, 모- 히토츠 모라에
마스까?

タオルを、もう一つもらえ
ひと
ますか。

· 수건이 없어요.

타오루가 아리마셍.

タオルがありません。

· 수건이 더러워요.

타오루가 키타나이데스.
きたな
タオルが汚いです。

---

16 칫솔

歯ブラシ
[하부라시]

· 칫솔을 하나 더 받을 수 있을까요?

하부라시오, 모- 히토츠 모라에 마스까?
歯ブラシを、もう一つもらえ ますか。

· 칫솔이 없어요.

하부라시가 아리마셍.
歯ブラシがありません。

17 베개

枕
[마쿠라]

· 베개를 하나 더 받을 수 있을까요?

마쿠라오, 모- 히토츠 모라에 마스까?
枕を、もう一つもらえますか。

· 베개 하나 더 주세요.

마쿠라 모- 히토츠 쿠다사이.
枕もう一つください。

| 호텔 96p | 식당 124p | 관광 162p | 쇼핑 174p | 귀국 186p |

18 욕조

浴槽
[요꾸소-]

· 욕조가 더러워요.

요꾸소-가 키타나이데스.
浴槽が汚いです。

· 욕조 물이 안 빠져요.

요꾸소-노 미즈가 나가레마셍.
浴槽の水が流れません。

19 물

水
[미즈]

· 물 온도 조절이 안 돼요.

오유노 온도 쵸-세츠가 데키마셍.
お湯の温度調節ができません。

· 샤워기에서 물이 잘 안 나
와요.

샤와-노 데가 와루이데스.
シャワーの出が悪いです。

20 와이파이 📶

ワイファイ
[와이화이]

· 와이파이 되나요?

와이화이 아리마스까?

ワイファイありますか。

· 와이파이 비밀번호가 뭐예요?

와이화이노 파스와-도와 난데스까?

ワイファイのパスワードは
何ですか。

· 와이파이가 잘 안 돼요.

와이화이가 츠나가라나인데스.

ワイファイが繋がらないんです。

호텔

21 텔레비전 🖥

テレビ
[테레비]

· 텔레비전이 안 나와요.

테레비가 우츠리마셍.

テレビが映りません。

· 리모컨이 안 돼요.

리모콩가 키카나인데스.

リモコンが効かないんです。

· 채널 변경 어떻게 해요?

챤네루와, 도-얕떼 카에마스까?

チャンネルは、どうやって
変えますか。

22 청소 🧹

掃除
[소-지]

· 청소가 안 되어 있어요.

소-지가 데키떼 이마셍.

掃除ができていません。

· 화장실 청소가 안 되어 있
어요.

토이레노 소-지가 데키떼 이마셍.

トイレの掃除ができていません。

· 청소 안 해 주셔도 괜찮아
요.

소-지 시나쿠떼모 이이데스.

掃除しなくてもいいです。

23 룸 서비스 🍽️ ルームサービス
[루-무 사-비스]

· 룸 서비스 시킬게요.　　　　루-무 사-비스오 오네가이시마스.
　　　　　　　　　　　　　　ルームサービスをお願いします。

· 룸 서비스 메뉴 볼 수 있을　루-무 사-비스노 메뉴-오
　까요?　　　　　　　　　　미세떼 모라에마스까?

　　　　　　　　　　　　　　ルームサービスのメニューを
　　　　　　　　　　　　　　見せてもらえますか。

24 세탁 📷 洗濯
[센타꾸]

호텔

TIP 세탁은 洗濯(센타꾸)라고 하지만 호텔의 세탁 서비스를 이용할 때는 洗濯サー
비스(센타꾸 사-비스)가 아닌 란도리-사-비스(ランドリーサービス)라고 해야 자연
스럽다.

· 세탁 서비스 받을게요.　　　란도리- 사-비스 오네가이시마스.
　　　　　　　　　　　　　　ランドリーサービスお願いします。

· 세탁 서비스 시간은 어느
  정도 걸려요?

란도리- 사-비스노 지캉와
도레구라이 카카리마스까?

ランドリーサービスの時間は
どれぐらいかかりますか。

· 세탁 서비스 요금이 어떻
  게 돼요?

란도리- 사-비스노 료-킹와
이쿠라데스까?

ランドリーサービスの料金は
いくらですか。

25 고장 🎨 🛁 故障
[코쇼-]

· 드라이어가 고장인 것 같
  아요.

도라이야-가 코쇼-시떼 이루
미타이데스.

ドライヤーが故障している
みたいです。

· 샤워기가 고장인 것 같아
  요.

샤와- 헫도가 코쇼-시떼 이루
미타이데스.

シャワーヘッドが故障している
みたいです。

---

26 잃어버리다 なくす
[나쿠스]

· 방 키를 잃어버렸어요.	헤야노 카기오 나쿠시떼 시마이 마시타. 部屋の鍵をなくしてしまい ました。
· 여권을 잃어버렸어요.	파스포-토오 나쿠시떼 시마이 마시타. パスポートをなくしてしまい ました。
· 휴대폰을 잃어버렸어요.	케-타이오 나쿠시떼 시마이 마시타. ケータイをなくしてしまい ました。
· 가방을 잃어버렸어요.	카방오 나쿠시떼 시마이마시타. かばんをなくしてしまいました。

호텔

27 아프다 ⟨☺⟩

痛い
[이타이]

· 머리가 아파요.

아타마가 이타이데스.
頭が痛いです。

· 배가 아파요.

오나카가 이타이데스.
お腹が痛いです。

· 속이 안 좋아요.

키모찌 와루이데스.
気持ち悪いです。

· 체한 것 같아요.

이모타레 시타 미타이데스.
胃もたれしたみたいです。

· 토할 것 같아요.

하키소-데스.
吐きそうです。

28 추가 ✚

追加
[츠이카]

· 이 추가 요금 설명해 주세요.

코노 츠이카 료-킹니 츠이떼 세츠메- 오네가이시마스.
この追加料金について 説明お願いします。

· 조식 추가할게요.

쵸-쇼꾸 츠이카시마스.
朝食追加します。

29 미니바 🔲

ミニバー
[미니바-]

· 미니바에서 무료로 이용할 수 있는 것은 무엇인가요?

미니바-데 무료-데 리요- 데키루 노와 난데스까?
ミニバーで無料で利用できる のは何ですか。

· 미니바 이용 안 했습니다.

미니바-와, 리요- 시떼 이마셍.
ミニバーは、利用していません。

호텔 96p　식당 124p　관광 162p　쇼핑 174p　귀국 186p

· (미니바에서) 물만 마셨어요.

오미즈다케 노미마시따.
お水^{みず}だけ飲^のみました。

30 요금 💵

料金^{りょうきん}
[료-킹]

· 요금이 얼마예요?

료-킹와 이쿠라데스까?
料金^{りょうきん}はいくらですか。

· 요금이 잘못 나온 것 같아요.

료-킹가 마치같떼 이루 미타이데스.
料金^{りょうきん}が間違^{まちが}っているみたいです。

31 택시 🚕

タクシー
[타꾸시-]

· 택시 어디에서 탈 수 있어요?

타꾸시-와 도코데 노레마스까?
タクシーはどこで乗^のれますか。

· 택시 좀 불러 주세요.　　　타꾸시-오 욘데 쿠다사이.
　　　　　　　　　　　　　　タクシーを呼んでください。

32 공항 ✈

くうこう
空港
[쿠-코-]

· 공항까지 어떻게 가요?　　　쿠-코-마데 도-얕떼 이키마스까?
　　　　　　　　　　　　　　くうこう
　　　　　　　　　　　　　　空港までどうやって行きますか。

· 공항까지 얼마나 걸려요?　　쿠-코-마데 도레구라이 카카리
　　　　　　　　　　　　　　마스까?
　　　　　　　　　　　　　　くうこう
　　　　　　　　　　　　　　空港までどれぐらいかかり
　　　　　　　　　　　　　　ますか。

호텔

빨리찾아

식당

17	나무젓가락	わりばし [와리바시]
18	숟가락	スプーン [스푸-응]
19	포크	フォーク [훠-꾸]
20	나이프	ナイフ [나이후]
21	디저트	デザート [데자-또]
22	음료	飲み物 [노미모노]
23	리필	おかわり [오카와리]
24	휴지	ティッシュ [팃슈]

식당

33	카페	カフェ [카훼]
34	가게	お店 _{みせ} [오미세]
35	포장	持ち帰り _{も かえ} [모찌카에리]
36	얼음	氷 _{こおり} [코-리]
37	빨대	ストロー [스토로-]
38	따뜻한	ホット [홋또]
39	아이스	アイス [아이스]
40	우유	牛乳 _{ぎゅうにゅう} [규-뉴-]

식당

식당에서

01 이거

これ
[코레]

- 이거 주세요.

  코레 쿠다사이.
  これください。

- 이거 빼 주세요.

  코레 누이떼 쿠다사이.
  これ抜いてください。

- 이거 안 시켰어요.

  코레 타논데마셍.
  これ頼んでません。

02 맛

味 [あじ]
[아지]

- 이거 매워요?

  코레 카라이데스까?
  これ辛いですか。

· 얼마나 매워요?　　　　　　도노 구라이 카라이데스까?
　　　　　　　　　　　　　　どのぐらい辛いですか。

· 너무 매워요.　　　　　　　카라스기마스.
　　　　　　　　　　　　　　辛すぎます。

· 너무 짜요.　　　　　　　　숖빠스기마스.
　　　　　　　　　　　　　　しょっぱすぎます。

· 너무 싱거워요.　　　　　　우스스기마스.
　　　　　　　　　　　　　　薄すぎます。

· 맛이 이상해요.　　　　　　아지가 헨데스.
　　　　　　　　　　　　　　味が変です。

· 뜨거워요.　　　　　　　　아츠이데스.
　　　　　　　　　　　　　　熱いです。

· 차가워요.　　　　　　　　츠메타이데스.
　　　　　　　　　　　　　　冷たいです。

식당

호텔 96p　　식당 124p　　관광 162p　　쇼핑 174p　　귀국 186p

03 O명 👥   O人
[오닝]

· 몇 분 이세요?

남메-사마데스까?
なんめいさま
何名様ですか。

· 한 명이요.

히토리데스.
ひとり
一人です。

· 두 명이요.

후타리데스.
ふたり
二人です。

· 세 명이요.

산닝데스.
さんにん
三人です。

· 네 명이요.

요닝데스.
よにん
四人です。

132

04 예약

予約
よやく

[요야꾸]

· 예약했어요. 요야꾸시마시따.
予約しました。
よやく

· (이름)으로 예약했어요. (이름)데 요야꾸 시마시따.
(이름)で予約しました。
よやく

· 예약은 안 했어요. 요야꾸와 시떼마셍.
予約はしてません。
よやく

05 기다리다

待つ
ま

[마츠]

· 얼마나 기다려야 돼요? 도레구라이 마치마스까?
どれぐらい待ちますか。
ま

· 오래 기다려야 돼요? 마치 지캉가 나가이데스까?
待ち時間が長いですか。
ま じかん なが

식당

호텔 96p   식당 124p   관광 162p   쇼핑 174p   귀국 186p

· 잠깐 기다려주세요.　　　　　쇼-쇼- 오마치 쿠다사이.
　　　　　　　　　　　　　　少々お待ちください。

06 자리

席
[세키]

· 자리 있어요?　　　　　　　세키와 아리마스까?
　　　　　　　　　　　　　　席はありますか。

· 창가 자리로 부탁드려요.　　마도가와노 세키오 오네가이시마스.
　　　　　　　　　　　　　　窓側の席をお願いします。

· 금연석으로 주세요.　　　　킹엔세키니 시떼 쿠다사이.
　　　　　　　　　　　　　　禁煙席にしてください。

· 흡연석으로 주세요.　　　　키츠엔세키니 시떼 쿠다사이.
　　　　　　　　　　　　　　喫煙席にしてください。

07 점원 🧑

店員
[텡잉]
_{てんいん}

· 여기요!

스미마셍!

すみません！

· 점원을 불러 주세요.

텡잉오 욘데 쿠다사이.

店員を呼んでください。
_{てんいん　よ}

08 주문 🪑

注文
[츄-몽]
_{ちゅうもん}

· 주문할게요.

츄-몽시마스.

注文します。
_{ちゅうもん}

· 주문하시겠어요?

고츄-몽 나사이마스까?

ご注文なさいますか。
_{ちゅうもん}

식당

09 메뉴 📖

メニュー
[메뉴-]

· 메뉴판 다시 볼 수 있을까
요?

메뉴-오 모- 이찌도 미떼모
이이데스까?
メニューをもう一度見ても
いいですか。

· 한국어 메뉴판 있나요?

캉코쿠고노 메뉴- 아리마스까?
韓国語のメニューありますか。

· 이 가게만의 특별한 메뉴
가 있나요?

코찌라노 오미세노 이찌오시
메뉴-가 아리마스까?
こちらのお店の一押し
メニューがありますか。

10 추천 👍

おすすめ
[오스스메]

· 추천 메뉴는 뭐예요?

오스스메노 메뉴-와 난데스까?
おすすめのメニューは何ですか。

· 이 중에 뭘 추천해요?

코노 나카데 도레가 오스스메
데스까?
この<ruby>中<rt>なか</rt></ruby>でどれがおすすめですか。

11 애피타이저 <ruby>前菜<rt>ぜんさい</rt></ruby>
[젠사이]

· 애피타이저는 뭐가 있어
요?

젠사이노 메뉴-와 나니가
아리마스까?
<ruby>前菜<rt>ぜんさい</rt></ruby>のメニューは<ruby>何<rt>なに</rt></ruby>が
ありますか。

· 애피타이저 추천해 주실래
요?

젠사이노 메뉴-, 오스스메가
아리마스까?
<ruby>前菜<rt>ぜんさい</rt></ruby>のメニュー、おすすめが
ありますか。

식당

12 스프 스프 🍳

スープ
[스−프]

· 스프는 어떤 게 있죠?

스−프노 슈루이와 나니가
아리마스까?
スープの種類は何がありますか。

· 스프가 좀 차가워요.

스−프가 스코시 츠메타이데스.
スープが少し冷たいです。

13 샐러드 🥗

サラダ
[사라다]

· 샐러드 있어요?

사라다 아리마스까?
サラダありますか。

· 샐러드 종류가 어떻게 되
나요?

사라다노 슈루이와 나니가
아리마스까?
サラダの種類は何がありますか。

· 샐러드 드레싱은 어떤 게
있나요?

도렛싱구와 나니가 아리마스까?
ドレッシングは何がありますか。

· 샐러드 드레싱 따로 주세요.	도렛싱구와 베쯔니 쿠다사이. ドレッシングは別にください。

14 스테이크

ステーキ
[스테-끼]

· 스테이크 굽기는 어떻게 해드릴까요?	스테-끼노 야키카겡와 도-시마스까? ステーキの焼き加減はどうしますか。
· 레어로 해주세요.	레아데 오네가이시마스. レアでお願いします。
· 미디움으로 해주세요.	미디아무데 오네가이시마스. ミディアムでお願いします。
· 웰던으로 해주세요.	웨르단데 오네가이시마스. ウェルダンでお願いします。
· 이거 너무 익었어요.	코레 야키스기데스. これ焼きすぎです。

식당

· 이거 좀 덜 익었어요.　　　코레 챤또 야케떼 나이데스.
　　　　　　　　　　　　　これちゃんと焼けてないです。

15 소스 🍶

ソース
[소-스]

· 소스는 따로 주세요.　　　소-스와 베쯔니 쿠다사이.
　　　　　　　　　　　　　ソースは別にください。

· 소스 많이 주세요.　　　　소-스 잎빠이 쿠다사이.
　　　　　　　　　　　　　ソースいっぱいください。

· 소스 더 주세요.　　　　　소-스 몯또 쿠다사이.
　　　　　　　　　　　　　ソースもっとください。

· 소스는 뭐가 있어요?　　　소-스와 나니가 아리마스까?
　　　　　　　　　　　　　ソースは何がありますか。

· 다른 소스 있어요?　　　　호카노 소-스 아리마스까?
　　　　　　　　　　　　　他のソースありますか。

· 케첩이랑 머스타드 소스
  주세요.

케챂뿌또 마스타-도 소-스
쿠다사이.

ケチャップとマスタードソース
ください。

16 젓가락 お箸
[오하시]

· 젓가락 하나 더 주세요.

오하시 모- 히토츠 쿠다사이.
お箸もう一つください。

· 젓가락에 뭐가 묻었어요.

오하시니 나니까 츠이떼 이마스.
お箸に何かついています。

식당

17 나무젓가락 わりばし
[와리바시]

· 나무젓가락 하나 더 주세
  요.

와리바시 모- 히토츠 쿠다사이.
わりばしもう一つください。

· 나무젓가락에 뭐가 묻었어요.

와리바시니 나니까 츠이떼 이마스.
わりばしに<ruby>何<rt>なに</rt></ruby>かついています。

18 숟가락

スプーン
[스푸-응]

TIP 일본에서는 주로 젓가락을 사용하기 때문에 숟가락이 따로 없는 경우도 있다.

· 숟가락 하나 더 주세요.

스푸-응 모- 히토츠 쿠다사이.
スプーンもう<ruby>一<rt>ひと</rt></ruby>つください。

· 숟가락에 뭐가 묻었어요.

스푸-응니 나니까 츠이떼 이마스.
スプーンに<ruby>何<rt>なに</rt></ruby>かついています。

19 포크

フォーク
[훠-꾸]

· 포크 하나 더 주세요.

훠-꾸 모- 히토츠 쿠다사이.
フォークもう一つください。

· 포크에 뭐가 묻었어요.

훠-꾸니 나니까 츠이떼 이마스.
フォークに何かついています。

20 나이프

ナイフ
[나이후]

· 나이프 하나 더 주세요.

나이후 모- 히토츠 쿠다사이.
ナイフもう一つください。

· 나이프에 뭐가 묻었어요.

나이후니 나니까 츠이떼 이마스.
ナイフに何かついています。

식당

호텔 96p　　식당 124p　　관광 162p　　쇼핑 174p　　귀국 186p

21 디저트 🥞 デザート
[데자-또]

· 디저트는 뭐가 있어요?
데자-또와 나니가 아리마스까?
デザートは何がありますか。

· 디저트는 안 먹을게요.
데자-또와 켇코-데스.
デザートは結構です。

22 음료 🥤 飲み物
[노미모노]

· 음료는 뭐가 있어요?
노미모노와 나니가 아리마스까?
飲み物は何がありますか。

· 콜라 주세요.
코-라데 오네가이시마스.
コーラでお願いします。

· 커피 주세요.
코-히-데 오네가이시마스.
コーヒーでお願いします。

· 맥주 주세요.

비-루데 오네가이시마스.
ビールでお願いします。

· 차 주세요.

오챠데 오네가이시마스.
お茶でお願いします。

23 리필 ✚

おかわり
[오카와리]

· 리필 되나요?

오카와리 데키마스까?
おかわりできますか。

· 리필 해주세요.

오카와리 시떼 쿠다사이.
おかわりしてください。

24 휴지

ティッシュ
[팃슈]

· 휴지 있어요?

팃슈 아리마스까?
ティッシュありますか。

식당

· 휴지 주세요.　　　　　　　　틧슈 쿠다사이.

ティッシュください。

25 물티슈

ウェットティッシュ
[웰또 틧슈]

· 물티슈 있어요?　　　　　　　웰또 틧슈 아리마스까?

ウェットティッシュありますか。

· 물티슈 주세요.　　　　　　　웰또 틧슈 쿠다사이.

ウェットティッシュください。

26 계산

お会計
かいけい
[오카이케-]

> **TIP** 일본에는 카드 결제가 안 되는 식당이 있으므로 식당에 갈 때는 현금을 가지고 가는 것이 좋다.

· 계산해 주세요.　　　　　　　오카이케- 오네가이시마스.
かいけい　　ねが
お会計お願いします。

· 계산이 잘못됐어요.	오카이케-가 마치같떼마스.
	お会計が間違ってます。
· 따로 계산해 주세요.	베쯔베쯔니 오카이케- 시떼
	쿠다사이.
	別々にお会計してください。

27 신용카드 💳 クレジットカード
[크레짙또 카-도]

· 신용카드 되나요?	크레짙또 카-도데 시하라이 데키
	마스까?
	クレジットカードで支払いでき
	ますか。
· 현금이 없어요.	겡킹가 나인데스.
	現金がないんです。

식당

28 세트

セット
[셋또]

· ○○세트 주세요.

○○셋또데.

○○セットで。

· 세트는 얼마예요?

셋또와 이쿠라데스까?

セットはいくらですか。

29 단품

単品
たんぴん

[탐삥]

· 단품으로 주세요.

탐삥데.

単品で。
たんぴん

· 단품은 얼마예요?

탐삥와 이쿠라데스까?

単品はいくらですか。
たんぴん

30 햄버거

ハンバーガー
[함바−가−]

· 햄버거 단품은 얼마예요?

함바−가노 탐핑와 이쿠라 데스까?

ハンバーガーの単品はいくら ですか。

· 햄버거 단품으로 하나 주 세요.

함바−가오 탐핑데 히토츠 쿠다사이.

ハンバーガーを単品で一つ ください。

31 감자튀김

ポテト
[포테토]

식당

· 감자튀김 하나 주세요.

포테토 히토츠 쿠다사이.

ポテト一つください。

· 감자튀김 스몰 사이즈로 주세요.

포테토 에스 사이즈데.

ポテトSサイズで。

· 감자튀김 미디움 사이즈로
  주세요.

포테토 에무 사이즈데.

ポテトMサイズで。

· 감자튀김 라지 사이즈로
  주세요.

포테토 에루 사이즈데.

ポテトLサイズで。

32 콜라

コーラ
[코-라]

· 콜라 주세요.

코-라 쿠다사이.

コーラください。

· 제로 콜라로 주세요.

제로 코-라 쿠다사이.

ゼロコーラください。

33 카페

カフェ
[카훼]

· 추천하는 카페 있어요?

<u>오스스메노 카훼 아리마스까?</u>

おすすめのカフェありますか。

· 카페 탐방하는 것을 좋아
해요.

카훼 메구리가 스키데스.
カフェ巡(めぐ)りが好(す)きです。

34 가게

お店(みせ)
[오미세]

· 이 가게에서 가장 유명한
메뉴가 뭐예요?

코노 미세데 이찌방 유-메-나
메뉴-와 난데스까?
この店(みせ)で一番有名(いちばんゆうめい)な
メニューは何(なん)ですか。

· 가게에서 먹고 갈 거예요.

텐나이데 타베마스.
店内(てんない)で食(た)べます。

식당

35 포장

持(も)ち帰(かえ)り
[모찌카에리]

· 포장할게요.

모찌카에리마스.
持(も)ち帰(かえ)ります。

· 이거 포장해 주세요.　　　코레 랖핑그시떼 쿠다사이.

　　　　　　　　　　　　　これラッピングしてください。

36 얼음

こおり
氷
[코-리]

· 얼음 더 넣어 주세요.　　　코-리오 몯또 이레떼 쿠다사이.

こおり　　　い
氷をもっと入れてください。

· 얼음 조금만 넣어주세요.　　코-리 스코시 이레떼 쿠다사이.

こおりすこ　い
氷少し入れてください。

· 얼음 빼고 주세요.　　　　　코-리 누이떼 쿠다사이.

こおり　ぬ
氷抜いてください。

37 빨대 🥤 ストロー
[스토로-]

· 빨대 어디 있어요?

ストロー와 도코니 아리마스까?

ストローはどこにありますか。

· 빨대 안 주셨어요.

ストロー가 나인데스.

ストローがないんです。

· 빨대 하나 더 주세요.

ストロー 모- 히토츠 쿠다사이.

ストローもう一つください。

38 따뜻한 ☕ ホット
[홋또]

· 따뜻한 아메리카노 한 잔
  주세요.

브락꾸 코-히-, 홋또데
오네가이시마스.

ブラックコーヒー、ホットで
お願いします。

식당

TIP 일본 카페에서는 아메리카노라는 메뉴를 찾기 어렵다. 아메리카노를 마시고 싶은 경우에는 ブラックコーヒー(브락꾸 코-히-, 블랙 커피)를 주문하면 된다.

호텔 96p   식당 124p   관광 162p   쇼핑 174p   귀국 186p

· 따뜻한 라떼 한 잔 주세요.

카훼랄떼, 홑또데 오네가이
시마스.

カフェラッテ、ホットでお願い
します。

39 아이스 🥤

アイス
[아이스]

· 아이스 아메리카노 한 잔
주세요.

브락꾸 코-히-, 아이스데
오네가이시마스.

ブラックコーヒー、アイスで
お願いします。

· 아이스 라떼 한 잔 주세요.

카훼랄떼, 아이스데 오네가이
시마스.

カフェラッテ、アイスでお願い
します。

40 우유 🥛

牛乳
[규-뉴-]

· 우유 한 잔 주세요.

규-뉴- 잎빠이 쿠다사이.
牛乳一杯ください。

· 라떼에 우유 많이 넣어 주
세요.

랕떼니 규-뉴- 잎빠이 이레떼
쿠다사이.
ラッテに牛乳いっぱい入れて
ください。

TIP 一杯(잎빠이)는 가득이라는 의미로 잘 알려져 있지만, 한 잔이라는 의미로도 사용된다.

41 시럽 🍾

シロップ
[시롶쁘]

식당

· ○○시럽 추가해 주세요.

○○ 시롶쁘오 츠이카시떼 쿠다사이.
○○シロップを追加してください。

호텔 96p   식당 124p   관광 162p   쇼핑 174p   귀국 186p

· 시럽 많이요.

시롭쁘 오오메데.
シロップ多めで。

· 시럽 조금이요.

시롭쁘 스쿠나메데.
シロップ少なめで。

42 사이즈 🥤

サイズ
[사이즈]

· (식당에서) 밥 작은 사이즈로
주세요.

고항와 코모리데 쿠다사이.
ご飯は小盛でください。

· (식당에서) 밥 중간 사이즈로
주세요.

고항와 나미모리데 쿠다사이.
ご飯は並盛でください。

· (식당에서) 밥 큰 사이즈로
주세요.

고항와 오-모리데 쿠다사이.
ご飯は大盛でください。

TIP 일본 식당 중에는 밥 사이즈를 선택하여 먹는 곳이 있다. 특히, 吉野家(요시노야), 松屋(마츠야), すき家(스키야) 등과 같은 규동 체인점에서 주문할 때는 밥 사이즈까지 선택해야 한다.

· (카페에서) 작은 사이즈로 주세요.	에스데 쿠다사이. Sでください。
· (카페에서) 중간 사이즈로 주세요.	에므데 쿠다사이. Mでください。
· (카페에서) 큰 사이즈로 주세요.	에르데 쿠다사이. Lでください。

43 추가 ✚

<ruby>追<rt>つい</rt></ruby><ruby>加<rt>か</rt></ruby>
[츠이카]

· 시럽 추가해 주세요.	시롭쁘오 츠이카시떼 쿠다사이. シロップを<ruby>追<rt>つい</rt></ruby><ruby>加<rt>か</rt></ruby>してください。
· 휘핑크림 추가해 주세요.	호잎쁘오 츠이카시떼 쿠다사이. ホイップを<ruby>追<rt>つい</rt></ruby><ruby>加<rt>か</rt></ruby>してください。
· 샷 추가해 주세요.	숕또오 츠이카시떼 쿠다사이. ショットを<ruby>追<rt>つい</rt></ruby><ruby>加<rt>か</rt></ruby>してください。

식당

44 케이크 ケーキ
[케-키]

· 초콜릿 케이크 주세요.   쵸코레-또 케-키 쿠다사이.

                                             チョコレートケーキください。

· 딸기 케이크 주세요.   이찌고 케-키 쿠다사이.

                                             いちごケーキください。

· 몽블랑 케이크 주세요.   몸브랑 케-키 쿠다사이.

                                             モンブランケーキください。

45 샌드위치 ◁ サンドイッチ
[산도잊치]

· 샌드위치 있어요?   산도잊치 아리마스까?

                                             サンドイッチありますか。

· 야채 추가해 주세요.   야사이 츠이카 시떼 쿠다사이.

                                           や さいついか
                                           野菜追加してください。

· 치즈 추가해 주세요.　　　치-즈 츠이카 시떼 쿠다사이.
　　　　　　　　　　　　　チーズ追加してください。

· 오이 빼 주세요.　　　　　큐-리와 누이떼 쿠다사이.
　　　　　　　　　　　　　キュウリは抜いてください。

· 양파 빼 주세요.　　　　　타마네기와 누이떼 쿠다사이.
　　　　　　　　　　　　　たまねぎは抜いてください。

46 베이글 ⊙　　　　ベーグル
　　　　　　　　　　　　　[베-그르]

· 베이글 있어요?　　　　　베-그르 아리마스까?
　　　　　　　　　　　　　ベーグルありますか。

· 데워주세요.　　　　　　　아타타메떼 쿠다사이.
　　　　　　　　　　　　　温めてください。

식당

47 와이파이

ワイファイ
[와이화이]

· 와이파이 되나요?

와이화이 아리마스까?

ワイファイありますか。

· 와이파이 비밀번호가 뭐예요?

와이화이노 파스와―도와 난데스까?

ワイファイのパスワードは何ですか。

48 화장실 ♦|♠

トイレ
[토이레]

· 화장실 어디 있어요?   토이레와 도코데스까?

                                         トイレはどこですか。

· 화장실에 휴지가 없어요.   토이레니 토이렡또 페-파-가
                                         아리마셍.

                                         トイレにトイレットペーパーが
                                         ありません。

식당

빨리찾아

관광

관광할 때

01 관광 명소

観光スポット
[캉코- 스폿또]

· 이 지역에서 제일 유명한 관광 명소가 어디예요?

코노 치이키데 이치방 유-메-나 캉코- 스폿또와 도코데스까?
この地域で一番有名な
観光スポットはどこですか。

· 추천하는 관광 명소는 어디예요?

오스스메노 캉코- 스폿또와 도코데스까?
おすすめの観光スポットは
どこですか。

02 추천

おすすめ
[오스스메]

· 추천하는 관광지는 어디예요?

오스스메노 캉코-치와 도코데스까?
おすすめの観光地はどこですか。

기내 24p   공항 36p   거리 50p   택시&버스 66p   전철&기차 80p

· 추천하는 관광 코스가 있
나요?

오스스메노 캉코- 모데루 코-스가
아리마스까?

おすすめの観光モデルコースが
あります か。

03 안내소 案内所・
インフォメーション

[안나이죠 · 인훠메-숑]

· 안내소 어디에 있어요?

안나이죠와 도코니 아리마스까?

案内所はどこにありますか。

· 걸어서 가면 얼마나 걸려
요?

아루이테 이케바 도레구라이
카카리마스까?

歩いて行けばどれぐらい
かかりますか。

관광

04 매표소

チケット売り場
[치켙또 우리바]

· 매표소 어디에 있어요?

치켙또 우리바와 도코니
아리마스까?
チケット売り場はどこに
ありますか。

· 여기서 가까워요?

코코카라 치카이데스까?
ここから近いですか。

05 할인

割引
[와리비키]

· 할인 받을 수 있나요?

와리비키시떼 모라에마스까?
割引してもらえますか。

· 학생 할인되나요?

각세- 와리비키 데키마스까?
学生割引できますか。

06 입구

入口
[이리구치]

· 입구가 어디예요?	이리구치와 도코데스까? 入口はどこですか。
· 입구를 못 찾겠어요.	이리구치가 미츠카리마셍. 入口が見つかりません。

07 출구

出口
[데구치]

· 출구가 어디예요?	데구치와 도코데스까? 出口はどこですか。
· 출구를 못 찾겠어요.	데구치가 미츠카리마셍. 出口が見つかりません。

관광

08 입장료 💳

入場料
[뉴-죠-료-]

· 입장료는 얼마예요?

뉴-죠-료-와 이쿠라데스까?
入場料はいくらですか。

· 어린이 입장료는 얼마예
요?

코도모노 뉴-죠-료-와 이쿠라
데스까?
子供の入場料はいくらですか。

09 팸플릿 📖

パンフレット
[팡후렡또]

· 한국어로 된 팸플릿 있어
요?

캉코쿠고노 팡후렡또 아리마스까?
韓国語のパンフレットありますか。

· 팸플릿 하나 주세요.

팡후렡또 히토츠 쿠다사이.
パンフレット一つください。

10 영업시간

営業時間
[에-교-지캉]

· 영업 시간이 어떻게 돼요?

에-교-지캉와 도- 나리마스까?
営業時間はどうなりますか。

· 언제 열어요?

이쯔 히라키마스까?
いつ開きますか。

· 언제 닫아요?

이쯔 시메마스까?
いつ閉めますか。

11 환전

両替
[료-가에]

· 이 근처에 환전할 수 있는 곳 있나요?

코노 아타리니 료-가에 데키루
바쇼가 아리마스까?
この辺りに両替できる
場所がありますか。

· 1,000엔권으로 주세요.

센엔사쯔데 오네가이시마스.
1,000円札でお願いします。

관광

12 잃어버리다 なくす
[나쿠스]

· 휴대폰을 잃어버렸어요.

케-타이오 나쿠시떼 시마이마시타.

ケータイをなくしてしまいました。

· 가방을 잃어버렸어요.

카방오 나쿠시떼 시마이마시타.

かばんをなくしてしまいました。

· 분실물 센터는 어디에 있
나요?

오와스레모노 센타-와 도코니
아리마스까?

お忘れものセンターはどこに
あります。

13 사진 写真
[샤싱]

· 사진 찍어도 되나요?

샤싱 톳떼모 이이데스까?

写真撮ってもいいですか。

· 사진 좀 찍어 주실 수 있어 요? 샤싱 톳떼 모라에마스까?
しゃしん と
写真撮ってもらえますか。

TIP 일본에서는 사진을 찍어줄 때 いち、に、さん(이찌, 니, 상(하나, 둘, 셋))이라고 하지 않고 はい、チーズ(하이, 차-즈)라고 이야기한다.

14 공연 👥👥👥

こうえん
公演
[코-엥]

· 다음 공연은 몇 시에 있어 요? 츠기노 코-엥와 난지데스까?
つぎ こうえん なんじ
次の公演は何時ですか。

· 공연 몇 시간 정도 하나요? 코-엥와 난지캉구라이 시마스까?
こうえん なんじ かん
公演は何時間ぐらいしますか。

관광

호텔 96p   식당 124p   관광 162p   쇼핑 174p   귀국 186p

15 지도

地図
[치즈]

· 지도 있어요?

치즈 아리마스까?
地図ありますか。

· 한국어 지도 있어요?

캉코쿠고노 치즈 아리마스까?
韓国語の地図ありますか。

16 기념품 🎁

· 가장 잘 나가는 기념품이
  뭐예요?

이찌방 우레떼 이루 오미야게와
난데스까?
一番売れているお土産は
何ですか。

· 추천하는 기념품은 뭐예
  요?

오스스메노 오미야게와 난데스까?
おすすめのお土産は何ですか。

관광

빨리찾아

쇼핑

쇼핑할 때

01 입어보다
試着する
[시챠끄스루]

· 입어봐도 될까요?

시챠끄시떼모 이이데스까?
試着してもいいですか。

· 몇 벌까지 입어볼 수 있어요?

난챠끄마데 시챠끄 데끼마스까?
何着まで試着できますか。

02 신어보다
履いてみる
[하이떼미루]

TIP 履く(하쿠)는 '신다'라는 뜻이지만, 신발 외에도 바지나 스커트와 같은 하의를 입을 때도 履く(하쿠)를 쓴다.
EX) スカートを履く(스카토오 하쿠, 치마를 입다)

· 신어봐도 될까요?

하이떼미떼모 이이데스까?
履いてみてもいいですか。

03 옷

服
[후꾸]

· 추천하는 옷가게가 있나요?

오스스메노 후꾸야상가
아리마스까?
おすすめの服屋さんが
あります か。

· 여성복은 어디에 있어요?

레디-스와 도코니 아리마스까?
レディースはどこにありますか。

· 남성복은 어디에 있어요?

멘즈와 도코니 아리마스까?
メンズはどこにありますか。

· 이 셔츠 입어봐도 될까요?

코노 샤츠 시챠끄시떼모
이이데스까?
このシャツ試着しても
いいですか。

쇼핑

호텔 96p   식당 124p   관광 162p   쇼핑 174p   귀국 186p

· 이 치마 입어봐도 될까요?

코노 스카ㅡ또 하이떼미떼모
이이데스까?

このスカート履いてみても
いいですか。

· 이 바지 입어봐도 될까요?

코노 즈봉 하이떼미떼모
이이데스까?

このズボン履いてみても
いいですか。

04 피팅룸 🚪 フィッティングルーム
[휟팅구 루ㅡ무]

· 피팅룸 어디에 있어요?

휟팅구 루ㅡ무와 도코데스까?

フィッティングルームは
どこですか。

· 이거 살게요.

코레 카이마스.

これ買います。

05 사이즈 サイズ
[사이즈]

· 더 큰 사이즈 있어요?

몯또 오-키이 사이즈와
아리마스까?
もっと大きいサイズは
あります。

· 더 작은 사이즈 있어요?

몯또 치이사이 사이즈와
아리마스까?
もっと小さいサイズは
あります。

· 가장 큰 사이즈로 주세요.

이찌방 오-키이 사이즈데
쿠다사이.
一番大きいサイズでください。

· 가장 작은 사이즈로 주세요.

이찌방 치이사이 사이즈데
쿠다사이.
一番小さいサイズでください。

· 사이즈가 안 맞아요.

사이즈가 아와나인데스.
サイズが合わないんです。

쇼핑

06 전통적인 것 伝統的な物
でんとうてき　もの
[덴토-테키나 모노]

· 일본의 전통적인 것을 사
　고 싶어요.

니혼노 덴토-테키나 모노가

카이타인데스.
に ほん　でんとうてき　もの
日本の伝統的な物が
　　　　　　　　か
買いたいんです。

· 전통적인 것은 어디에서
　살 수 있어요?

덴토-테키나 모노와 도코데

카에마스까?
でんとうてき　もの　　　　　　か
伝統的な物はどこで買えますか。

07 포장 ラッピング
[랖핑그]

· 포장해 주세요.

랖핑그 오네가이시마스.
　　　　　　　　　ねが
ラッピングお願いします。

· 포장은 얼마예요?

랖핑그와 이쿠라데스까?

ラッピングはいくらですか。

---

08 사케(일본술) 日本酒
に ほんしゅ
[니혼슈]

> **TIP** 우리나라에서 酒(사케)라고 부르는 일본술은 일본에서는 日本酒(니혼슈)라고
> 한다. お酒(오사케)라고 하면 맥주, 와인, 일본술 등 주류 전반을 포함하는 의미이다.

· 사케(일본술)는 어떤게
있나요?

니혼슈와 도레가 아리마스까?
に ほんしゅ
日本酒はどれがありますか。

· 추천하는 사케(일본술)는
뭐예요?

오스스메노 니혼슈와 난데스까?
に ほんしゅ　なん
おすすめの日本酒は何ですか。

09 택스 리펀 📋 タックスリファンド
[탁끄스 리환도]

· 택스 리펀은 어디에서 받
을 수 있나요?

탁끄스 리환도와 도코데
모라에마스까?
タックスリファンドはどこで
もらえますか。

쇼핑

· 택스 리펀 받을 수 있나요?　탁끄스 리환도가 모라에마스까?
　　　　　　　　　　　　　タックスリファンドが
　　　　　　　　　　　　　もらえますか。

10 교환 交換 [코-캉]

こうかん

· 교환할 수 있을까요?　코-캉시떼 모라에마스까?
　　　　　　　　　　　交換してもらえますか。
　　　　　　　　　　　こうかん

· 이거 고장인 것 같아요.　코레 코와레타 미타이데스.
　　　　　　　　　　　これ壊れたみたいです。
　　　　　　　　　　　こわ

11 환불 返品 [헴핑]

へんぴん

· 환불 받을 수 있을까요?　헴핑시떼 모라에마스까?
　　　　　　　　　　　返品してもらえますか。
　　　　　　　　　　　へんぴん

· 환불해 주세요.　헴핑시떼 쿠다사이.
　　　　　　　　返品してください。
　　　　　　　　へんぴん

12 지불

支払い
[시하라이]

· 신용카드 되나요?	크레짙또 카-도데 시하라이 데키마스까? クレジットカードで支払いできますか。
· 따로따로 넣어주세요.	후쿠로오 베쯔베쯔니 시떼 이레떼 쿠다사이. 袋を別々にして入れてください。

13 세일

セール
[세-루]

· 이거 세일하나요?	코레 세-루니 낱떼 이마스까? これセールになっていますか。
· 세일하는 건 어떤 건가요?	세-루니 낱떼 이루노와 도레데스까? セールになっているのはどれですか。

쇼핑

14 영수증 📋

レシート
[레시-또]

· 영수증 주세요.	레시-또 쿠다사이. レシートください。
· 영수증 필요 없어요.	레시-또와 이라나이데스. レシートはいらないです。

15 화장품 🏺

け しょうひん
化粧品
[케쇼-힝]

· (화장품 제품 화면을 보여 주며) 이거 있어요?	코레 아리마스까? これありますか。
· 이거 새 제품 있나요?	코레 아타라시이노 아리마스까? これ新しいのありますか。

あたら

16 가방 🐱

かばん
[카방]

· 이 가방 다른 색상으로도 있나요?

코노 카방 호카노 이로모 아리마스까?

このかばん他の色もありますか。

· 가방은 이게 다인가요?

카방와 코레가 젬부데스까?

かばんはこれが全部ですか。

· 이 가방 새 제품 있나요?

코노 카방 아타라시이노 아리마스까?

このかばん新しいのありますか。

· 이거보다 더 작은 가방 있어요?

코레요리 못또 치이사이 카방 아리마스까?

これよりもっと小さいかばん ありますか。

· 이거보다 더 큰 가방 있어요?

코레요리 못또 오-키이 카방 아리마스까?

これよりもっと大きいかばん ありますか。

쇼핑

호텔 96p　　식당 124p　　관광 162p　　쇼핑 174p　　귀국 186p

빨리찾아

귀국할 때

01 변경

へんこう
変更
[헹코-]

· 비행기 자리 변경할 수 있을까요?

히코-키노 세키오 헹코-시떼 모라에마스까?

ひこうき せき へんこう
飛行機の席を変更して
もらえますか。

· 비행기 시간 변경할 수 있을까요?

히코-키노 지캉오 헹코-시떼 모라에마스까?

ひこうき じかん へんこう
飛行機の時間を変更して
もらえますか。

02 반납

へんきゃく
返却
[헹캬끄]

· ○○ 반납 할게요.

○○헹캬끄시마스.

へんきゃく
○○返却します。

귀국

· 와이파이 반납 할게요.　　와이화이오 헹캬끄시마스.
　　　　　　　　　　　　　ワイファイを返却します。

03 제한

制限
[세-겐]

· 무게 제한은 몇 kg까지에　　쥬-료-세-겐와 낭키로마데
　요?　　　　　　　　　　데스까?
　　　　　　　　　　　　　重量制限は何kgまでですか。

· 기내 무게 제한은 몇 kg까　　키나이노 쥬-료-세-겐와
　지에요?　　　　　　　　　낭키로마데 데스까?
　　　　　　　　　　　　　機内の重量制限は
　　　　　　　　　　　　　何kgまでですか。

04 잃어버리다

なくす
[나쿠스]

· 짐을 잃어버렸어요.　　　　니모츠오 나쿠시떼 시마이마시타.
　　　　　　　　　　　　　荷物をなくしてしまいました。

· 분실물 센터는 어디에 있 나요?

오와스레모노 센타-와 도코니 아리마스까?

お<ruby>忘<rt>わす</rt></ruby>れものセンターはどこに ありますか。

05 놓치다 🈁

<ruby>乗<rt>の</rt></ruby>り<ruby>遅<rt>おく</rt></ruby>れる
[노리오쿠레루]

· 비행기를 놓쳤어요.

히코-키오 노리오쿠레떼 시마이 마시타.

<ruby>飛行機<rt>ひこうき</rt></ruby>を<ruby>乗<rt>の</rt></ruby>り<ruby>遅<rt>おく</rt></ruby>れてしまい ました。

· 죄송하지만 저 좀 도와주 세요.

스미마셍가, 와타시노 코토오 타스케떼 쿠다사이.

すみませんが、<ruby>私<rt>わたし</rt></ruby>のことを <ruby>助<rt>たす</rt></ruby>けてください。

06 다음 비행편 次のフライト
[츠기노 후라이또]

· 다음 비행기는 언제 있어요?

츠기노 후라이토와 이츠데스까?
次のフライトはいつですか。

· 가장 빠른 비행기로 예약 해주세요.

이찌방 하야이 히코-키데 요야꾸 시떼 쿠다사이.
一番早い飛行機で予約 してください。